AF359444

LES OFFICIERS
DU CORPS DES PERRUQUIERS
DE NANCY

(Esquisse de mœurs locales d'après des documents inédits)

PAR JULES RENAULD

Membre de l'Académie de Stanislas,
Vice-Président de la Société d'Archéologie lorraine.

NANCY,
LUCIEN WIENER, LIBRAIRE-ÉDITEUR, RUE DES DOMINICAINS, 53.
1874

LES OFFICIERS

DU CORPS DES PERRUQUIERS

DE NANCY

Extrait des MÉMOIRES DE LA SOCIÉTÉ D'ARCHÉOLOGIE LORRAINE.

Nancy, imp. G. Crépin-Leblond, Grande-Rue (V.-V.), 14.

LES OFFICIERS
DU CORPS DES PERRUQUIERS
DE NANCY

(Esquisse de mœurs locales d'après des documents inédits)

PAR JULES RENAULD

Membre de l'Académie de Stanislas,
Vice-Président de la Société d'Archéologie lorraine.

NANCY,
LUCIEN WIENER, LIBRAIRE-ÉDITEUR, RUE DES DOMINICAINS, 53.
1874

« On se récrie contre une telle ou telle mode,
qui cependant, toute bizarre qu'elle est, pare et
embellit pendant qu'elle dure... Il me paroît qu'on
devroit seulement se récrier contre l'inconstance
et la légèreté des hommes qui emploient pour le
comique et pour la mascarade ce qui leur a servi
de parure grave et d'ornements les plus sérieux. »

Jean DE LA BRUYÈRE.

(Les caractères ou les mœurs de ce siècle.)
CHAP. XIII.

LES OFFICIERS

DU

CORPS DES PERRUQUIERS

DE NANCY

« C'est que vous croyez peut-être avoir
affaire à quelque simple barbier de village
ue sachant manier que le rasoir !
» Apprenez, Monsieur, etc. »
BEAUMARCHAIS.
Le Barbier de Séville.

I

Le coiffeur moderne et le perruquier de l'ancien régime.

Il y a trente ans, le perruquier-coiffeur végétait tris-
tement dans un cercle étroit. Parfois une tête chauve
réclamait sa protection contre les injures du temps ou
les rigueurs de la saison, alors, suivant le sexe des personnes, il confectionnait le modeste toupet ou le tour
classique, invariablement blond ou brun ; mais ce n'était

là que des travaux exceptionnels ; le peigne et le rasoir
pouvaient seuls lui fournir son pain quotidien. Heureuse-
ment, le retour du chignon vint rendre la vie au
commerce des cheveux ; peu à peu les tresses et les
nattes reprirent faveur, et l'horizon du coiffeur s'agran-
dissant de jour en jour, on vit bientôt les pouffs et les
boucles flottantes couronner l'édifice élevé par lui sur la
tête des élégantes (1). Dès lors, le perruquier-coiffeur se
vit en possession, près des dames, du rôle de *grande
utilité*

La position que, de nos jours, il a su conquérir dans
les cabinets de toilette, est assurément brillante et digne
d'envie pour des cœurs ambitieux, néanmoins elle n'est
pas comparable au passé de ses devanciers, surtout au
xviiie siècle.

Le maitre perruquier de l'ancien régime n'a rien de
commun avec le sensible et tendre Jasmin célébré par
Charles Nodier et Sainte-Beuve ; sa condition est toute
autre que celle du sémillant Figaro, popularisé par Beaumarchais ; c'est dans le poëme du Lutrin qu'il faut cher-
cher son profil :

> Ce perruquier superbe est l'effroi du quartier,
> Et le courage est peint sur son visage altier.

(1) Le rapport officiel du jury international de l'Exposition de 1867
constate qu'il se vend annuellement, en France, 68,000 kilogrammes
de cheveux de coupe, dont 40,000 sont indigènes, 20,000 importés
de l'Italie, de la Belgique et de l'Allemagne, et 8,000 recueillis sous
forme de déchets, utilisés pour les chignons ordinaires.

Sur ce total, la France paraît employer 25,000 kilog. de cheveux
pour la confection des postiches, le surplus est acheté par l'étranger,
et surtout par l'Amérique, l'Angleterre et la Russie.

C'est qu'en effet, le culte de la perruque ayant pris des proportions inattendues, toutes les têtes, sans exception, se courbaient devant les maitres chargés de confectionner et de poser ces magnifiques crinières qui, sous Louis XIV, avaient atteint l'ampleur des grands hommes et des grandes choses du temps. L'importance et l'ambition des membres de la corporation n'avait plus de bornes; on en venait à discuter si le métier, qualifié *art mécanique*, ne méritait pas d'être classé dans la hiérarchie des professions libérales. La maitrise n'avait-elle pas été, moyennant finance, érigée en office transmissible, par voie héréditaire, comme l'office d'un conseiller au Parlement? Ajoutons enfin que les perruquiers, en vertu des statuts donnés, en 1674, à la corporation de Paris, avaient un dernier et grand privilége, le droit honorifique de porter l'épée.

Faut-il s'étonner de ces questions de préséance, de ces procès dont les tribunaux ont été entretenus?

Quoi de plus édifiant que ce rapport d'un intendant de province, à l'occasion de la convocation des notables :

« Plutôt que de voir sa dignité ravalée, le corps des perruquiers de La Flèche décide qu'il s'abstiendra de paraitre à la réunion préparatoire et qu'il témoignera de cette manière la juste douleur que lui cause la préséance accordée aux boulangers (1). »

MM. Digot et Lepage n'ont pas dédaigné de s'occuper des barbiers-perruquiers ; aux notes intéressantes qu'ils

____

(1) *L'ancien régime et la Révolution,* par A. de Tocqueville, page 141.

nous ont transmises (1), nous ajouterons deux documents inédits qui ne manquent ni de piquant, ni de pittoresque.

La plaidoirie de M⁰ Duparge devant la Cour souveraine de Lorraine et Barrois révèle la grandeur et les luttes de la corporation des perruquiers ; le manifeste patriotique adressé, en 1791, à l'Assemblée nationale, signale sa décadence et sa fin.

(1) *Les Chirurgiens-Barbiers*, par A. Digot, dans l'*Espérance* du 22 août 1844. — *Archives de Nancy*, par H. Lepage, t. IV, page 158.

II

Traité de la perruque par un docteur en théologie. — Envahissement
social du postiche. — L'abus de la poudre et la hausse des grains.
Exagération de la coiffure des dames. — Le luxe à Nancy au
XVIIIe siècle.

Des mémoires, des volumes entiers ont été consacrés
à la grave question des perruques et de la coiffure. En
1689, l'abbé Jean-Baptiste Thiers, docteur en théologie,
écrivit une histoire des perruques, dans laquelle il dé-
ploya une grande érudition.

A l'élève (1) perruquier ayant conscience de sa mission et désireux de connaitre le passé et la théorie de
son art, nous donnerons le conseil d'étudier ce livre original, d'autant plus que l'auteur, ainsi qu'il l'annonce
dans sa préface, a demandé au ciel « que la paix et la

(1) On ne dit plus aujourd'hui *l'atelier* ou *la boutique* d'un
perruquier — *le salon* d'un coiffeur est même une locution vieillie.

On lit dans le *Journal de la Meurthe*, du 27 novembre 1873,
que l'*Ecole professionnelle de Coiffure* vient d'ouvrir ses cours
à Paris, rue Vivienne, sous la présidence d'un célèbre coiffeur, mais
on n'a pas mentionné si le directeur de ce haut enseignement tient
un bureau de placement pour les garçons coiffeurs et les femmes de
chambre. — Autrefois, c'était encore plus fort, comme on le verra
plus loin ; on inscrivait sur l'enseigne d'un perruquier : *Académie
de coiffure !*

grâce tombe avec abondance sur les personnes qui liront son travail avec tranquillité d'esprit » *hæc cum pace legentibus pax et gratia redundet!* dit-il, empruntant le langage de Tertullien, *De Virginibus velandis* (1).

Ce n'est pas que le brave curé de Champrond soit absolument admirateur enthousiaste des faux cheveux, loin de là ! après avoir invoqué le témoignage de Xenophon et d'Aristote pour établir que les Perses, les Mèdes et les peuples de la Pouille abusaient des chevelures d'emprunt, il raconte qu'en France, la mode des perruques doit être, au xviie siècle, imputée aux courtisans, aux rousseaux et aux teigneux.

« Les courtisans adoptèrent la perruque, « dit-il » de crainte de gagner des rhumes ou des fluxions en faisant leur cour la tête découverte; les rousseaux pour cacher la couleur de leurs cheveux qui font horreur à tout le monde, parce que Judas était rousseau et qu'ordinairement ceux qui le sont sentent le gousset; les teigneux enfin, pour cacher le vilain mal qui dévorait leur tête, bien qu'il le pussent cacher avec une grande calotte. » Il ajoute : « et parce que ces derniers ne tenaient pas leurs perruques bien propres, bien peignées, ni bien

(1) Au iiie siècle de l'ère chrétienne, Tertullien s'élevait déjà contre l'usage des faux cheveux et l'extravagance de la coiffure des femmes : « Quid item tanta ordinandi crinis operositas ad salutem subministret ? quod crinibus vestris quiescere non licet, modo substrictis, modo relascatis, modo suscitatis, modo elisis ? Aliæ gestiunt in cincinnos coërcere, aliæ ut vagi et volucres elabantur, non bona simplicitate. Affigitis præterea nescio quas enormitates capillamentorum, nunc in galeri modum, quasi vaginam capitis et operculum verticis, nunc in cervicum retro suggestum.... Imo omnem hanc ornatus servitutem a libero capite depellite. »

De cultu fœminarum, lib. II, cap. VII

frisées, on donna le nom de *teignasses* aux perruques
mal propres, mal peignées et mal frisées. »

Le savant historien fait ensuite l'énumération et la
description des perruques en usage de son temps : la
grande, la petite, les perruques à calottes, les perruques
à la Bichon, à la Moutonne, les perruques d'abbé, enfin
les perruques poudrées, parfumées et les perruques sans
couronnes ou à fausses couronnes couleur de chair; puis
il s'érige en censeur sévère contre l'usage du postiche
chez les laïcs et surtout chez les ecclésiastiques (1).

Le livre par lui-même obtint un grand succès de
curiosité; il eut quatre éditions au moins; mais la croisade
prêchée par l'abbé Thiers n'aboutit pas (2). Nulle profession honnête ne put se passer de perruques. Le
magistrat donna la préférence aux plus vastes; l'avocat et
le procureur ne parurent plus au barreau qu'en perruques longues; le clergé lui-même, malgré les protesta-
tions de quelques évêques, sacrifia au goût du jour (3).
Un maître perruquier fut attaché à Saint-Sulpice, avec un
traitement annuel de huit mille livres, pour friser et entretenir les perruques des élèves du séminaire (4). Le

(1) *Histoire des perruques,* où l'on fait voir leur origine, par J.-B.
Thiers, curé de Champrond.

(2) Aux trois éditions de 1689, 1697 et 1712 citées par Brunet
(*Manuel du libraire et de l'amateur de livres*) il faut ajouter
l'édition imprimée à Avignon en 1777 et dont un exemplaire nous a
été communiqué par M. J.-B. Thiéry.

(3) Le chapitre de Saint-Dié décida, toutefois, par une délibération
du 23 juillet 1699, qu'aucun chanoine quels que fussent ses infirmités
et son âge, ne pourrait adopter l'usage de la perruque sans une permission spéciale du Saint-Père. (Gravier, *Histoire de Saint-Dié.*)

(4) Cet abus n'a été réformé qu'en 1782 par M. Emery, élu supé-
rieur de cet établissement. — Vie de M. Emery, par Gosselin, t. I,
page 167.

médecin ne donna plus de consultations qu'en perruque,
et les classes bourgeoises en adoptèrent avec empresse-
ment l'usage. A l'aide d'une perruque et d'un habit noir,
on était admis partout.

Aussi l'*Encyclopédie perruquière*, imprimée à Paris
en 1757, offre le recueil de quarante-cinq têtes à perruques, toutes différentes, quoique appartenant au même
règne ; on y admire notamment les perruques *à front
de fer, aux nids de pie, à la rhinocéros, à l'oiseau
royal, à la singulière, à la comète, à la lunatique,
à l'envieux, à l'inconstant, à la jalousie.* Viennent
ensuite des perruques dressées comme des entrées : à la
minute, à la maitre d'hôtel, à la Gentilly ; c'étaient des
plats du métier des André et des Beaumont, qui excel-
laient à la fois en vers, en prose et en perruques (1).

A ces extravagances vint s'en ajouter une autre, l'u-
sage immodéré de la poudre. Les perruques à cheveux
blancs étaient recherchées et rares ; la poudre blanche
vint au secours des perruquiers. Les jeunes gens, les
acteurs, les petits-maitres furent les premiers à l'adopter,
et bientôt on regarda le défaut de poudre comme un
mépris pour les beaux usages. Les grandes perruques
poudrées étaient fort incommodes, et un avocat poudré
répandait autour de lui des flots de poudre en déclamant ;
néanmoins l'usage de la poudre prit des proportions telles
que le Gouvernement y vit une cause de l'élévation du
prix des grains. Par une ordonnance de février 1771,
il fut enjoint à tous les amidonniers de ne fabriquer
l'amidon qu'avec des grains gâtés et hors d'état de servir
à faire du pain, et on fit défense aux perruquiers de se

(1) Chéruel, *Dictionnaire des mœurs et coutumes*, etc.

servir d'autre poudre que de celle faite avec l'amidon et
d'employer, pour en tenir lieu, de la farine de froment
ou autre, à peine de confiscation et de cinq cents livres
d'amende. La même ordonnance créait au profit de Sa
Majesté un impôt de deux sous par livre d'amidon ou de
poudre à poudrer, et de quatre sous pour la poudre et
l'amidon fabriqués à l'étranger (1).

Mais il n'est pas de souverain plus absolu que la mode :
personne ne fut corrigé, et, sous Louis XVI, la suprême
élégance des excentriques fit adopter la coiffure à la *dé-
bâcle* avec une petite queue sans bourse et sept ou huit
onces de poudre sur le collet de l'habit.

C'est alors qu'au milieu d'une foule de plaisanteries,
Franklin tint ce propos, que du moins on lui prête : «Vous
avez en France un excellent moyen de faire la guerre sans
qu'il vous en coûte rien. Vous n'avez qu'à vous passer
de poudre tant qu'elle durera. Vos perruquiers formeront
une armée, l'argent qu'ils vous coûtent vous suffira pour
la solde, et vous les nourrirez avec le blé que vous perdez
à vous poudrer ».

Les hommes n'exerçaient pas seuls l'imagination et
les talents des perruquiers-coiffeurs.

A la mort de Louis XIV, l'art de disposer et d'orner
la coiffure des femmes était poussé jusqu'à l'exagération.
On avait donné des noms particuliers aux différents
étages de la coiffure. Sur une base en fil de fer s'élevait
*la duchesse, le solitaire, le chou, le mousquetaire,
le croissant, le firmament, le dixième ciel et la sou-
ris.* Un poëte du dernier siècle comparait cet édifice de

(1) ***Recueil des Ordonnances de Lorraine***, t. XII, page 319,

la chevelure des femmes à la màture d'un vaisseau vo-
guant sur les mers :

Une palissade de fer
Soutient la superbe structure
Des hauts rayons d'une coiffure ;
Tel en temps de calme sur mer,
Un vaisseau porte sa màture.

Une légion d'artistes consacrèrent leurs talents à varier
les formes de ces créations aériennes. Auteur de l'*Art
de la coiffure des dames françaises* et vrai révélateur
des modes de la tète, Legros exposait chez lui, en 1765,
à Paris, cent poupées toutes coiffées, comme le corps de
doctrine du nouvel art basé sur la proportion de la tète
et l'air du visage ; puis brillèrent d'autres célébrités :
Frédéric, le rival de Legros ; Lefèvre, publiant son *Traité
des principes de l'art de la coiffure des femmes* ;
enfin, l'inimitable Léonard. La mythologie, la politique,
la géographie, les découvertes scientifiques et les succès
de théâtre furent mis à contribution pour la dénomination
de toutes ces nouvelles inventions du caprice et de la
mode. C'est ainsi que se succédèrent les coiffures *à la
Minerve, à la Flore, à la Calypso,* les coiffvres *à la
Figaro, à la Voltaire, à la notable,* etc.

A la mort de Louis XV, les cciffures *à la circonstance*
portèrent un cyprès et une corne d'abondance posés sur
une gerbe de blé. Dans les coiffures *à l'inoculation,* le
triomphe du vaccin était figuré par un serpent, une
massue, un soleil levant et un olivier couvert de fruits (1).

Léonard, le célèbre coiffeur de Marie-Antoinette, a

(1) *La femme au* XVIIIe *siècle,* par Edouard et Jules de Goncourt.

écrit ses mémoires; il y définit le pouf au sentiment inventé par lui : « une de ces idées grandioses, qui, d'un coup d'aile, renversent toute vogue préexistante et viennent s'asseoir fièrement sur les débris de tous les caprices »; c'étaient de petits musées où l'on voyait des clochettes, des papillons, des mouches, des oiseaux et toutes sortes de personnages.

« Jamais, raconte Léonard, on n'avait osé placer sur une tête une telle ménagerie, un tel salmigondis d'objets des trois règnes. On mit dans les poufs tout ce que le caprice peut imaginer de plus étrange. Les femmes légères se jonchèrent la tête de papillons ; les femmes tendres nichèrent dans leurs cheveux des essaims d'amours ; les femmes d'officiers portèrent des escadrons juchés sur leur toupet ; les femmes mélancoliques érigèrent en poufs des sarcophages et des urnes cinéraires. On croira difficilement à cet excès de frénésie, et pourtant le tableau n'est pas chargé. »

Quand le goût fut blasé, on coiffa *à la jarnière*, avec des serviettes à carreau rouge, dans lesquelles on entortillait de jeunes artichauts, des carottes, de petites raves; et un coiffeur de Paris s'était vanté d'exécuter un tour de force en ornant une tête féminine d'une chemise en batiste (1).

Ces monuments prirent une telle hauteur, qu'on put dire que les femmes mettaient leur tête au milieu du corps ; il fallut enlever les banquettes des carrosses et réglementer l'élévation des coiffures à l'Opéra pour qu'elles ne masquassent pas entièrement la vue de la scène.

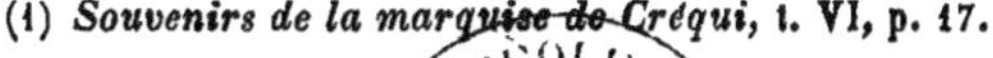

(1) *Souvenirs de la marquise de Créqui*, t. **VI**, p. 17.

Paris et Versailles n'avaient pas seuls le monopole de cet engouement et de ces mœurs frivoles. Nancy, depuis son annexion à la France, se distinguait par tous les dehors du luxe.

On lit dans le premier volume de Durival (*Description de la Lorraine*, p. 361) les observations suivantes :

« Les frivolités de la capitale nous arrivent aussi vite que la poste peut aller, et ne manquent pas de mains habiles. Il y a trente ans, on ne comptait à Nancy que deux marchandes de *modes,* encore travailloient—elles pour Lunéville. Les dames alors se coëffoient elles-mêmes et n'en étoient pas moins belles ; à présent il faut des coëffeuses et qui pis est des coëffeurs aux bourgeoises. Si on jugeoit de l'opulence par le luxe on feroit de grandes erreurs. »

A cette preuve ajoutons le témoignage du vénéré secrétaire perpétuel de la Société d'Archéologie lorraine, qui rapporte le fait, sur le récit de son aïeul, témoin oculaire :

« Nancy, dont la magnificence était demeurée royale, et qui voyait, le soir, aux lueurs de torches flamboyantes, rouler dans ses rues de brillants carrosses, souvent à quatre chevaux, trois laquais par derrière et deux coureurs par devant ; Nancy se distinguait plus encore par ce ton, cette politesse, ce je ne sais quoi d'inimitable, qui n'appartient qu'aux résidences souveraines. Il n'aurait rien laissé à désirer sans les mœurs déplorablement légères par lesquelles son aristocratie d'alors commençait à ne se montrer que trop française (1779) » (1).

Qui le croirait! au milieu d'une population res-

(1) *Nancy, histoire et tableau,* par P. G. Dumast, p. 114.

treinte (1), cent cinquante maîtres perruquiers et un certain nombre de coiffeurs, à la tête desquels se distinguait François Lagrange, étaient occupés à défrayer à Nancy les caprices du luxe et de la mode (2), et, dès l'année 1762, on avait dû créer un bureau spécial de correspondance et d'adresses pour les garçons perruquiers (3).

Mais il faut revenir à la corporation des maîtres de Nancy.

(1) Environ 25,000 âmes en 1779 (*Archives de Nancy*, par H. Lepage, t. II, page 111). Il y a, en 1873, soixante coiffeurs-parfumeurs, et la population dépasse 54,000 habitants.

(2) *Plaidoyer de M* Duparge*, avocat devant la Cour de Nancy, février 1771.

(3) *Archives de Nancy*, t. II, p. 93.

III

Défense aux notaires de raser leurs clients. — La confrérie des chirurgiens-barbiers en 1596. — Les barbiers-valets de chambre anoblis. — Lettres de noblesse de François Dubois, valet de chambre du comte de Salm. — Les urinaux princiers et les fusées d'azur.

La corporation des barbiers-perruquiers est de création relativement récente. Cependant, dès le xive siècle, une ordonnance royale interdisait aux notaires de susciter une concurrence déloyale aux barbiers, en faisant le poil à leurs clients. De nos jours, il faut le reconnaitre, les perruquiers n'ont plus à se plaindre des notaires ; mais si quelques-uns, parmi ces derniers, avaient observé l'esprit aussi bien que la lettre de l'édit de Philippe-le-Bel, de nombreux clients, dans la ci-devant province de Lorraine et Barrois, n'auraient pas la douleur de se voir rasés et même complétement tondus par leurs tabellions.

Quoi qu il en soit, voici les termes de cette ordonnance datée du mois de juillet 1304 :

« Item tabelliones seu notarii publici, auctoritate nos-
» tra, nullo vili officio, vel ministerio se immisceant, vel
» utantur, nec carnifices, nec barbitonsores existant :
» quod si fecerint, ipsos post monitionem privari volu-
» mus officio supradicto (1). »

(1) *Ordonnances des rois de France,* t. I, p. 417.

Pendant de longues années, la profession des barbiers resta confondue avec celle des chirurgiens. Ces derniers, dépourvus de connaissances littéraires et théoriques, étaient séparés du corps des médecins ; outre *la barbe et le poil,* ils faisaient le pansement des blessés dans les hôpitaux et à la suite de l'armée et pratiquaient les opérations. Ils étaient aussi presque exclusivement chargés de la visite des lépreux et des pestiférés (1).

Les chirurgiens-barbiers devaient être seulement réunis en confrérie, et la confrérie n'excluait personne. Alors ils étaient unis dans leur gloire commune, et une heureuse et féconde émulation régnait entre eux pour l'agrément et le soulagement de l'humanité.

Sous le règne de Charles III, les chirurgiens-barbiers furent pour la première fois organisés en maîtrise, et un avis donné au Conseil de S. A., le 10 février 1596, par le procureur général et les gens du Conseil de ville, contient, sauf quelques modifications, l'approbation des articles suivants (2) :

« Son Altesse ayant pour aggréable la très humble requeste des maistres chirurgiens et barbiers de Nancy, touchant l'establissement d'une maistrise, qu'ilz requièrent entr'eux pour le bien publicque, est supliée d'homologuer et de recepvoir soubz son bon plaisir les articles que s'ensuivent :

» Et premier, que lesdits maistres chirurgiens et barbiers auront une chambre et lieu publicque en l'Hostel-de-ville de Nancy propre pour s'assembler touttes fois et quand il sera besoing pour les affaires qui

(1) *Esquisse de l'histoire de la médecine en Lorraine,* par J.-B. Simonin.

(2) *Archives de Nancy,* t. IV, p. 167.

concerneront la maistrise, et auquel (le cas échéant) se feront les dissections, anatomies et leçons en l'art de chirurgie, à charge de l'entretenir de touttes réparations et réfections nécessaires, à leurs propres frais et dépens.

» Qu'en ladicte chambre présidera le maistre juré, qui sera esleu et choisy par chacun an entre eulx, et fera touttes propositions d'affaires qui se debvront délibérer, soit pour la réception d'aucun se présentant pour estre receu en ladicte maistrise ou autrement.

» Que nul ne sera receu maistre qu'il n'ait, au préalable, fait paroistre, par attestations ou autrement, de ses bons fame (renommée), bonne vie et réputation, ensemble de sa capacité et expérience en l'art de chirurgie, soubz l'examen, et faict les chcfz-d'œuvres ordinaires et accoutumés en toutes autres villes, pardevant les maistres dudict lieu de Nancy, présentz, et les médecins; et, avant que de tenir bouticle, prestera, en plaine assemblée, le serment, entre les mains du maistre juré, de bien fidellement et en toutte probité exercer l'art de chirurgie suivant les préceptes d'icelles et expérience qu'il peult avoir acquise, sans aucune fraude, abus ny déception; et pour une fois délivrera d'entrée la somme de trente frans ez mains dudict maistre, pour estre les deux tiers employez au service de Dieu, à la décoration de la chapelle Sainct-Cosme et Sainct-Damien, érigée en l'esglise Sainct-Epvre, et l'autre au profict de ladicte maistrise, pour subvenir tant aux réfections et entreténement de ladicte chambre, qu'autres menues despenses, dont ledict maistre juré sera tenu de rendre bon et fidel compte lorsqu'il en sera requis par le corps de ladicte maistrise.

» Que sy, toutesfois, se présentât quelque fils de maistre de Nancy, icelluy sera receu franchement et sans paier aucune entrée, à la charge néanmoings desdicts examen, chefz-d'œuvre et serment, èsquels il sera subject comme les autres.

« Qu'à l'effect desdicts chefz-d'œuvre et examen seront appellez quelques médecins en la chambre de ladicte maistrise, pour estre présentz à juger, avec lesdicts maistres, de la capacité ou incapacité de celuy ou ceux qui s'y présenteront pour y estre receus.

» Que les vefves pourront tenir bouticle, ayant ung serviteur de bonnes mœurs, capable et versé en l'art de chirurgie, lequel pourra faire touttes fonctions de chirurgien, saulf qu'il sera tenu prendre advis d'ung desdicts maistres en cas d'importance et doubteux, et ne pourra faire aucun rapport en justice qu'avec ung desdicts maistres.

» Qu'inhibitions et deffences sont faictes à touttes sortes de gens, charlatans, coureurs, vagabonds et autres empiricques, non receus maistres, de faire aucune function de chirurgien, à peine de vingt frans d'amende pour chacune fois ou aultre plus grande, le cas eschéant de résidive ou rébellion à justice...

« Qu'aux reigles et statutz de ladicte maistrise seront subjects tous autres chirurgiens et barbiers des pays de l'obéissance de S. A..... Que personne, de quel estat qu'il soit, ne s'ingérera de traicter aucune ulcère, absès, fracture, luxasion, plaie ou aultre chose appartenant à l'art de chirurgie, qu'il ne soit de la compaignie desdicts maistres ou advoué d'iceux. »

Avant cette époque, à la cour de nos ducs, et même chez les grands seigneurs, le poil et la barbe étaient taillés par des officiers portant le titre envié de *valets de chambre*, et il n'était pas rare de voir l'exercice du peigne et les coups de rasoir conduire à l'anoblissement. Pour dissimuler l'humble origine de leur distinction, certains personnages, au temps de Léopold, sollicitèrent la confirmation de leurs lettres de noblesse, en prétextant la perte des papiers originaux pendant les désastres du siècle précédent (1). Ces reconnaissances de titres furent délivrées sur la production de simples copies ou lettres de *vidimus*, et on y omit toute mention de haute domesticité ; le progrès des idées l'aurait fait considérer comme la tache d'un péché originel imprimée à la noble lignée. Aussi on ne rencontre guère, dans le *Nobiliaire de Lorraine*, la qualification de *valets de chambre* donnée aux anoblis. Ces mentions indiscrètes avaient soulevé bien des mécontents contre le livre de Dom Pelletier ; la publication du second volume fut prohibée, et les amateurs conservent aujourd'hui, comme une rareté, les feuilles cartonnées de l'édition primitive (2).

Ces circonstances expliquent l'intérêt que présente une de ces curieuses lettres de noblesse, dont nous avons

(1) Edit du 14 février 1700. — *Recueil des Ordonnances*, t. I, p. 223.

(2) Parmi les anoblis, le nombre des valets de chambre, des panetiers, des fruitiers, des tailleurs de nos ducs et des membres de leur famille, était considérable, et, comme exemples des omissions faites dans le Nobiliaire de Dom Pelletier nous citerons, entr'autres, Philippe Servay ou Servaise, page 750 ; Mengin Collicet ou Colliquet, p. 166 ; Jean Montherey, dit de Monthéry, page 582. — Ces trois nobles avaient été valets de chambre ; Dom Pelletier n'en a pas fait mention. C'est dans les nobilaires manuscrits que se révèlent toutes ces vérités. (Rôle de la noblesse de Lorraine et Barrois de 1588 à 1639, manuscrit in-fol. de 136 pages — *Nobiliaire lorrain*, par Nicolas Cachet, manuscrit in-12, de Bugnon le jeune, géographe. Bibliothèque lorraine de M. J.-B. Thiéry.)

découvert l'original ; la transcription que nous en donnons se trouve ainsi suffisamment justifiée.

Il ne s'agit pas, d'ailleurs, d'un domestique attaché à la
personne ou au service de Son Altesse, c'est simplement
Dubois, le valet de chambre du comte de Salm, qui, à la
sollicitation de son maître, obtint des lettres de noblesse,
comme un supplément de gages, après plusieurs années
de services.

Voici le texte du précieux parchemin :

« CHARLES, par la grâce de Dieu, duc de Calabre,
Lorraine, Bar, etc. A tous présents et à venir, salut.
Comme il soit décent et raisonnable que les personnes qui
par effect ayment et suyvent la vertu et honneur, et qui
de tout leur pouvoir s'efforcent de vivre vertueusement,
soient décorez, aornez et eslevez en titres, prérogatives
et priviléges condignes et afférans à leurdicte vertu et
mérite, affin de leur accroistre ceste bonne volunté, et de
tant plus les inciter et esmouvoir, ensemble leur progé-
niture et postérité, à les imiter et ensuyvre, et leur donner occasion d'y continuer, persévérer et servir d'exemple à aultres par espérance de parvenir à telz honneurs
et approbations de leurs vertuz et mérites, et mesmement
de noblesse. Et soit ainsy que nous, deuement certiorez
de la vie louable, bonnes mœurs, probité et mérites de
nostre cher et bien amé FRANCOIS DU BOIS, valet de
chambre à nostre cousin le comte de Salm, mareschal de
Lorraine et gouverneur de ceste nostre ville de Nancy,
en considération des services qu'il lui a faict par longues
années, et en faveur, contemplation et à requeste d'icelluy nostre cousin ; pour ces causes et aultres raisonnables
considérations nous mouvans, avons de nostre grâce
spéciale, pleine puissance et aucthorité, icellui, ensemble

ses enfans, postérité et lignée, naiz et à naistre en bon et
légal mariage, masles et femelles, annobly et annoblissons
et du titre de noblesse décoré et décorons ; voulons et
nous plaist que luy et sesditz enfans comme telz soient
réputez, puissent acquérir biens et héritages, nobles
fiefz et arrierfiefz, de quelque nom et qualité ilz soient,
Et iceulx, ensemble ceulx qu'ilz ont jà acquis et que à
bon et juste tiltre leur pourroient obvenir et escheoir
par succession, donnation ou aultrement, accepter, ap-
préhender, tenir, posséder et joyr, sans qu'ilz puissent
estre contrainctz, ores ny pour l'advenir en vuyder leurs
mains en quelque manière que ce soit, et d'iceulx or-
donner, tester et disposer par testament de dernière
volunté, donnation faicte entre les vifz et aultrement
ainsy que bon leur semblera, aux lois et conditions des
fiefs de noz pays ; et avec ce puissent acquester le tiltre
de chevalerie et jouyr des mesmes honneurs, priviléges,
franchises, libertez, prérogatives et prééminences dont
joyssent aultres personnes nobles et extraictes de noble
lignée. Et que telz soient censez et reputez en tous leurs
actz, négoces et affaires, tant en jugement que dehors,
sans qu'il soit pour ce tenu nous payer ny à noz succes-
seurs ducz de Lorraine aucune finance, laquelle, de nostre dicte grâce, avons quictée, remise et donnée, quictons,
remectons et donnons par cesdictes présenter audict François du Bois. Et en signe de noblesse, pour décoration
d'icelle, avons à icelluy et à sesdictz enfants, postérité
et lignée, descenduz et descendans de luy en léal mariage
(comme dict est), donné et donnons les armoiries telles
que cy dessoubz elles sont emprainctes, avec puissance
de les porter et en user en tous lieux comme aultres
nobles ont accoustumé user de leurs armes. Que sont de

sinople à la face d'argent de deux pièces environnées de six esglands dor, avec leurs feuilles de mesme, trois en chefs, deux en face, l'aultre en pointe, timbré d'un dextrocher facé d'argent et de sinople, au manchons d'or, tenant une branche de chaisne au naturel aux esglands d'or, le tout porté d'un armet morné d'argent, couvert d'un lambrequin aux métaulx et couleur de l'escut. Sy donnons en mandement à noz mareschaulx, séneschaulx, baillys, président et gens de noz Comptes, préuotz, procureurs, officiers ou leurs licutenans et a chacun d'eulx sy comme à luy appartiendra, que ledict François du Bois, sesdictz enfants, postérité et lignée née et a naistre en léal mariage, ilz facent, souffrent et laissent joyr et user plainement et paisiblement de noz présentes graces, don et octroy d'annoblissement, et de tout le contenu cy dessus, sans en ce leur faire, mectre ou donner, ny souffrir estre faict mis ou donné, ores ny pour le temps advenir, aucun trouble, destourbier ou empeschement au contraire, lequel, sy faict estoit, réparent ou facent réparer et mectre en son pristin estat incontinant et sans délay, nonosbstant quellesconques loix, statutz us et coustumes de noz pays, ordonnances ou deffences à ce contraires. Car tel est nostre vouloir. Prions en oultre et requérons tous roys, princes, comtes, barons et aultres seigneurs noz amys, alliez et bienveuillans, que de l'honneur et privilége de noblesse ensemble de noz présentes grâces et octroy, ilz facent, seuffrent et laissent ledict Francois du Bois, sadicte postérité et lignée, joyr et user entièrement et paisiblement comme aultres nobles ont accoustumez faire, sans permectre qu'ilz y soient aulcunement troublez ny empeschez, comme en tel cas vouldrions faire pour les leurs, sy requis en estions par eulx. Et affin que ce soit chose ferme et stable à toujours, nous avons à cesdictes présentes signées de nostre propre main, faict mectre et appendre nostre grand seel. Données en nostre dicte ville de Nancy, l'onzièsme jour du mois de juin, l'an de grâce nostre Seigneur mil cinq cens septante neuf. »

C'est ainsi que, pour des services analogues à ceux de du Bois, les Courlot et les Voillot furent élevés à l'honneur de l'anoblissement.

A ces derniers, toutefois, au lieu de glands d'or et de feuilles de chêne, les princes avaient donné des armoiries plus originales et rappelant d'une manière indélébile la nature des services rendus. Le champ de l'écu est décoré de ces vases d'un usage intime, que, dans sa pudeur, le héraut d'armes nomme des urinaux :

« Courlot (Jean) fut annobli par le duc Charles IV le 1er novembre 1650 ; — porte de gueules à trois urinaux d'argent, posés deux sur un, le tout supporté d'un armet morné, orné de son bourlet et d'un lambrequin aux métail et couleur de l'écu. »

Des armes identiques avaient été précédemment accordées aux Voillot ; mais, en 1571, une veuve Voillot obtint la faveur de substituer à ces vases équivoques trois fusées d'azur, concédées par René II à un canonnier de sa famille. A partir de cette époque, les Voillot renoncèrent à porter, pour décoration, les urinaux princiers ; ils donnèrent la préférence aux fusées en champ de gueules (1).

(1) Dom Pelletier, *Nobiliaire de Lorraine*, pages 177 et 832.

En 1851, Léopold Bougarre publiait à Nancy des satires dans lesquelles, raillant certains hobereaux de province, il citait avec une ironie mordante l'anoblissement des Courlot. M. de Bonneval releva

Que de motifs à la fois pour justifier et entretenir parmi les barbiers un légitime orgueil ! Faire partie d'une corporation qui, sous le nom de chirurgiens, leur permettait de marcher presque les égaux des docteurs en médecine, et, de plus, compter, parmi les anciens confrères, les valets de chambre qui avaient conquis des lettres de noblesse en maniant avec dextérité tour à tour le peigne et le rasoir, la lancette et le piston !

ces sorties et contesta l'authenticité des lettres de noblesse critiquées. Dans un Armorial annoté par lui, et conservé par M. Ch. de Rozières, il prétendit que Courlot n'avait jamais existé, et que le crédule Dom Pelletier avait été l'objet d'une mystification, ajoutant que jamais aucune chancellerie n'aurait consenti à se déconsidérer en donnant à un anobli des armoiries aussi ridicules. Malheureusement, dans le second volume du même Armorial, M. de Bonneval a été obligé de reconnaître comme parfaitement exacts les *urinaux* conférés aux Voillot, en perdant de vue l'annotation mise par lui au nom de Courlot. Le registre des lettres patentes de l'année 1630, conservé aux archives de la Meurthe, contient la transcription de plusieurs anoblissements ; il ne mentionne pas celui de Courlot ; mais, dans le registre de l'année 1530-1532, on trouve, à la page 58, toutes les indications que Dom Pelletier a consacrées aux Voillot, avec cette seule différence qu'on lit : trois *urines* d'argent, au lieu du mot *urinaux*, ce qui est probablement une erreur du copiste, qui, dans le même registre, a écrit *Varlet* et *Wailot*, tandis que la table des lettres patentes, faite sur la fin du xvi⁰ siècle, porte bien *Voilot*.

IV

Réorganisation de la confrérie de Saint-Cosme et de Saint-Damien. — Les délégués, à Remiremont et à Nancy, du chef de la Barberie du royaume de France.

Dans la seconde partie du xviiᵉ siècle, trois fléaux à la fois accablaient la Lorraine. La population était décimée par la guerre, la peste et la famine. Les confréries et maitrises étaient désorganisées, et l'édit de 1596 était tombé en désuétude.

Après cinq années de captivité à Tolède, le duc Charles IV recouvrait la liberté en vertu du traité conclu en 1659 sous le nom de Paix des Pyrénées. De retour dans ses Etats, il songea, au milieu du désarroi général, à réorganiser le service de la barbe et du poil et du pansement des blessures de ses malheureux sujets. Par ordonnance datée du 16 mai 1661, à Bar, il chargea son valet de chambre François Sellier « de tenir la main et d'avoir l'œil à ce que les désordres et abus ne se pratiquent plus dans ses duchez de Lorraine et de Bar, lui donnant à cet effet plein et entier pouvoir de faire tout ce qui seroit nécessaire, avec très-expresses inhibitions et défenses à qui que ce soit, sous peine de soixante francs d'amende, applicable un tiers à l'hospital, un à la confrérie de Saint-

Cosme et Saint-Damien, et l'autre audit Sellier, de tenir,
aux lieux où il n'y a point de maitrise, aucune boutique,
pendre bassins ou faire exercice de l'art de chirurgie-
barberie, soit en public, soit en particulier. »

Une autre ordonnance, datée du 25 avril suivant, portait qu'en « considération des services rendus à Son
Altesse par ledit valet de chambre, le cher et bien-aimé
François Sellier, son barbier ordinaire, lequel se seroit
diligemment et dignement acquitté de son devoir et
auroit donné une marque singulière de son affection,
en se trouvant des premiers près de sa personne
à Tolède », ledit Sellier était créé et établi premier
chirurgien et barbier ordinaire de Son Altesse, avec un
traitement annuel de quatre cents francs. A cet édit
étaient annexés les nouveaux règlements, statuts et pri-
vilèges donnés au premier chirurgien et barbier ordinaire, ses lieutenants et commis et aucuns chirurgiens et
barbiers des duchés de Lorraine et de Bar.

Nul ne pouvait désormais exercer l'état de chirurgien-
barbier sans un brevet ou une licence délivrée par Sellier
ou son délégué :

« Que tous ceux qui voudront tenir boutique et faire
exercice dudit état, en quelque façon et manière que ce
soit, aux villes, villages, bourgs et bourgades, ports, ponts
et passages, seront tenus de subir l'examen pardevant
nostre premier chirurgien, ses lieutenans, commis et
jurez des plus prochaines villes des lieux où ils voudront
résider et tenir boutique, afin que les passants, allans et
venans séjournans en iceux, puissent mieux et plus sûre-
ment être secourus dudit estat. »

La barbe et la chevelure n'étaient plus que des choses
très-accessoires, la chirurgie se développait de plus en

plus, et voici le programme de l'examen à subir devant maître Sellier :

« Que tous ceux qui voudront jouir et user desdits priviléges, et estre reçus maitres audit estat, seront examinez et interrogez, tant sur la connoissance du corps humain, sujet de chirurgie, maladies externes, qui arrivent en lui, comme apostumes, playes, ulcères, fractures et dislocations, et autres dépendances de la chirurgie, que sur la connoissance des remèdes et médicaments, tant simples que composez, comme onguens emplâtres, cerats, pultes, poudres, linimens, huiles, ceronennes, et toutes espèces *de pitotiques tant actuels que potentiels.* »

Enfin, « tous maitres chirurgiens-barbiers tenans ouvroir et boutique devaient verser au premier chirurgien ou à ses lieutenants une somme de quatre francs une fois payée, plus celle de deux francs pour subvenir aux frais des procès et poursuites nécessaires pour la manutention des statuts aussi bien que la correction des abus (1). »

Mais le duc de Lorraine se brouilla de nouveau avec le Roi de France; après plusieurs traités inexécutables et toujours inexécutés, Charles IV se retira dans les Vosges où les Français le poursuivirent, et bientôt il fut contraint de sortir de ses Etats pour n'y plus rentrer (1670). En 1672, Louis XIV vint en personne à Nancy, et dès lors le joug de l'occupation française s'imposa de nouveau à nos contrées pour de longues années.

Comme son maitre, François Sellier avait disparu, et le service qu'il dirigeait fut repris en Lorraine par Charles-

______

(1) *Recueil des édits et ordonnances de Lorraine,* t. I, pages 78 et suivantes.

François-Félix , conseiller et chirurgien du Roi , maître chirurgien juré en la communauté des maîtres à Paris, chef de la barberie du royaume.

Ce personnage important jouissait de toutes les prérogatives que Charles IV avait concédées à son valet de chambre en 1661, et, par un diplôme daté du 22 janvier 1685, M° Félix décida que, « pour les bons offices et louables rapports qui lni avoient été faits de la personne de Nicolas Rouvroy (1), maître chirurgien-barbier de la ville de Plombières, et de ses sens, suffisance, loyaulté, prudhommie, capacité, fidélité et bonnes considérations, ledit Nicolas Rouvroy était pourvu, créé, établi et constitué lieutenant et commis en la ville de Remiremont et Arche vacante » pour, en qualité de délégué du chef de la barberie, faire exécuter et maintenir les règlements et statuts de l'art et recevoir tous nouveaux aspirants.

En 1686, ces fonctions de délégué du premier chirurgien du roi étaient exercées, dans la ville de Nancy, par un nommé Jean Laurent, lequel, entre autres choses, conféra à un individu de Xousse, nommé Florent Legrandhanry, le droit d'exercer l'art de chirurgien-barbier avec boutique ouverte et bassins pendants, après avoir prêté le serment prescrit. Cet acte est daté, à Nancy, du 2 octobre 1686, et sur le sceau apposé près de la signature du délégué de Félix, figure un écu chargé d'un croissant en pal, surmonté d'une étoile (2).

Réintégré sur le trône de ses ancêtres par la paix de Riswick (1697), le duc Léopold promulgua un édit, daté

(1) Rouvroy, auteur du *traité enseignant la vraie méthode pour boire les eaux de Plombières.* Bibliot. lorraine de Dom Calmet, page 845.

(2) *Les chirurgiens-barbiers,* par Aug. Digot.

des 5 octobre et 30 décembre 1698, par lequel il rendait force de loi, dans ses Etats, aux statuts et règlements établis en 1661 par son grand oncle Charles IV, et nommait Henry Cornuet, son valet de chambre, premier chirurgien et barbier ordinaire, en lui accordant les mêmes droits, autorités et priviléges concédés ci-devant à François Sellier (1).

Nous touchons à l'époque où, appelés à des destinées nouvelles, le rasoir et la lancette, après une union plus que séculaire, allaient divorcer pour toujours.

(1) *Recueil des Ordonnances*, t. I, p. 78.

V

Origine de la perruque française. — Les priviléges de la chirurgie.
— Création de la corporation des barbiers-perruquiers-baigneurs-
étuvistes. — Les anciennes étuves de Nancy. — Les bains du Casino. — Modifications de la maîtrise en 1770.

Depúis plusieurs années déjà, la coiffure des hommes
avait changé. A l'austérité des cheveux courts, succédaient
peu à peu les longues mèches flottantes, et rien ne devait
désormais sembler plus majestueux qu'une tête ornée
d'une abondante chevelure.

Au milieu de cette transformation, un favori de Gas-
ton d'Orléans, frère du roi, déplorait les rigueurs de la
nature. Chauve avant l'âge, l'abbé de la Rivière n'osait
plus paraître à la cour. Un jour cependant il revint dans le
cortége des grands seigneurs, plus chevelu qu'aucun d'eux ;
il portait un ornement d'emprunt dû à son imagination,
servie par l'habileté de son coiffeur. Telle fut l'origine de
la perruque française. L'invention eut un tel succès, que
surtout les abbés de cour et les gens du monde adoptèrent la perruque, et l'abbé de la Rivière parvint au siége
épiscopal de Langres, malgré les sarcasmes du théolo-
gien J.-B. Thiers, qui le proclamait *le patriarche des
ecclésiastiques perruquets* (1).

(1) *Histoire des Perruques* par J.-B. Thiers, p. 25.

L'inauguration de la mode nouvelle préparait un schisme dans la confrérie de Saint-Cosme et Saint-Damien. Certains barbiers, entrainés par le caprice du jour, se livraient exclusivement au commerce et à la confection des fausses chevelures ; d'autres confrères, au contraire, cédant à une aptitude spéciale, s'occupaient surtout des opérations chirurgicales, du pansement des blessures et de l'étude du corps humain, répudiant à l'avance la boutique ouverte et les bassins pendants. Dans les grandes villes, cette séparation des travaux s'affirmait de jour en jour, et une déclaration du 24 février 1730, consacrant les efforts des opérateurs habiles et instruits qui s'appliquaient exclusivement à l'étude et à la pratique de la chirurgie, déclarait que « tous ceux qui exerceront purement et simplement la chirurgie, seront réputés exercer un art libéral et jouiront de tous les avantages attachés aux arts libéraux » (art. VII). Ces avantages n'étaient point de vains mots, les chirurgiens se voyaient désormais assimilés aux bourgeois notables, et, en cette qualité, devenaient aptes à remplir des offices municipaux ; ils cessaient d'être portés sur les rôles d'arts et métiers et d'être assujettis à la taxe de l'industrie ; enfin, ils devenaient exempts de la collecte de la taille, du guet et garde, de corvées et de toutes autres charges de ville dont les notables bourgeois étaient affranchis.

Comme dernier encouragement, les élèves en chirurgie attachés à un maître étaient à l'avenir exempts de tirer à la milice (1).

La même ordonnance, rendue exécutoire en Lorraine seulement en 1770, affranchissait enfin les chirurgiens

____

(1) Ordonnance du 10 août 1756, *Recueil des ordonnances de Lorraine*, t. XII, p. 99.

de cette confraternité avec les barbiers, qui, dans le monde comme au théâtre, les avait exposés à toutes sortes d'humiliations.

Tels sont en effet les termes des articles XXV et XCII de cette ordonnance (1).

Art. XXV. Chaque communauté fera démontrer pupubliquement dans sa chambre commune par l'un des anciens maîtres qu'elle nommera tous les ans, l'Anatomie, l'Ostéologie et toutes les opérations de la chirurgie; et, en cas qu'elle ne puisse avoir un sujet humain, la démonstration se fera sur un sujet désséché, et sur des animaux pour des opérations du bas-ventre et de la poitrine, et sur la tête d'un veau pour le trépan, et sera payé au démonstrateur cinquante livres sur les deniers de la bourse commune. Défense aux barbiers-perruquiers, ensemble à leurs garçons, d'y entrer, à peine d'amende, et aux garçons chirurgiens avec épées, cannes ou bâtons ; enjoint à eux de s'y comporter avec respect, à peine de punition exemplaire et d'être procédé contre eux extraordinairement devant le lieutenant de police.

Art. XCII. Il est expressément défendu à tous barbiers-perruquiers-étuvistes, leurs serviteurs, domestiques, d'exercer l'art de chirurgie, et à tous les garçons chirurgiens qui ne sont point actuellement au service des maîtres de la communauté ou des veuves, d'exercer l'art de chirurgie et de barberie dans les villes où il y a communauté, à peine de confiscation de leurs instruments et solidairement en cinq cents livres d'amende, même de punition exemplaire en cas de récidive.

(1) *Recueil des ordonnances de Lorraine*, t. XII, p. 68 et suivantes.

Cette mesure ne frappait que les barbiers de village qui, sous prétexte de saigner, ventouser et scarifier, donnaient des consultations et vendaient des onguents et des simples aux habitants pauvres de la campagne.

Les barbiers de la ville, absorbés par les exigences de la mode, avaient eux-mêmes demandé à former un corps distinct de celui des chirurgiens.

En même temps que l'usage des perruques, celui des bains se répandait dans la bourgeoisie et les classes inférieures.

Les barbiers devenaient à la fois perruquiers et baigneurs-étuvistes. — S'ils renonçaient à soulager la souffrance et à panser les blessés, ils allaient désormais contribuer « *non-seulement à la propreté et à l'orne-ment du corps, mais surtout à la santé des hommes* », comme ils le proclamaient dans leur requête, présentée, en 1710, au duc Léopold pour obtenir des lettres de maîtrise.

Les rensignements sur les bains publics n'abondent pas. Les comptes du domaine de Nancy mentionnent toutefois les anciennes étuves publiques de l'année 1531 ; elles étaient situées, au dire de l'abbé Lionnois, entre la rue du Cheval blanc et la rue de la Source, dans un bâtiment que les sœurs de Charité ont réuni à leur maison, et cet établissement, tenu par le baigneur de la cour, avait donné son nom à cette partie de la rue, dite alors rue des Etuves (1).

Dans les archives de la ville on trouve, à la date du 23 décembre 1621, l'autorisation accordée à Hans Hawert

(1) *Histoire de Nancy*, par Lionnois, t. I, p. 283.

chirurgien, « de tenir et avoir un lieu pour une étuve et des bains chauds, pour y laver et ventouser toutes sortes de personnes ».

Sous le règne de Léopold, un nommé Bernard Saint-Aubin, baigneur et étuviste de ce prince, avait établi, dans une maison sise rue de l'Opéra, et portant l'enseigne de la Ville-de-Luxembourg, qu'elle conserve encore aujourd'hui, « des bassins et étuves pour la commodité et usage de S. A. R. et des princes et seigneurs de sa cour. Dans une requête adressée, en 1719, aux officiers municipaux, ce personnage sollicite une indemnité, en considération de ce qu'il ne faisait plus rien dans son industrie, depuis l'installation de la cour à Lunéville (1).

Enfin, Lionnois rapporte (t. II, p. 232) que, de son temps, un sieur Mandel tenait un établissement de bains entre la rue Saint-Nicolas et celle de la Primatiale.

Les détails suivants, empruntés à l'ouvrage de M. Walcknær sur la *Vie de Madame de Sévigné* (t. II, page 59), peuvent donner une idée de ce qu'étaient ces sortes d'établissements, en tenant compte de la différence d'importance et de population qui existait entre la ville de Paris et la capitale du duché de Lorraine :

« On se rendait chez le baigneur par différents motifs, d'abord par raison de santé et de propreté ; c'était là que l'on prenait les meilleurs bains, les bains épilatoires, les bains mêlés de parfums et de cosmétiques par lesquels on donnait plus de vigueur au corps, plus de douceur à la peau et plus de souplesse aux membres. La maison était pourvue d'un grand nombre de domestiques soumis,

____

(1) *Archives de Nancy*, t. I, p. 321, et t. II, p. 57.

réservés, discrets, adroits. On s'y enfermait la veille d'un départ ou le jour même d'un retour, afin de se préparer aux fatigues qu'on allait éprouver, ou pour se remettre de celles qu'on avait essuyées. Voulait-on disparaître un instant du monde, fuir les importuns et les ennuyeux, échapper à l'œil curieux de ses gens, on allait chez le baigneur ; on s'y trouvait chez soi, on était servi choyé, on s'y procurait toutes les jouissances qui caractérisent le luxe ou la dépravation d'une grande ville. Le maître de l'établissement et tous ceux qui étaient sous ses ordres devinaient, à vos gestes, à vos regards, si vous vouliez garder l'incognito, et tous ceux qui vous servaient et dont vous étiez le mieux connu, paraissaient ignorer jusqu'à votre nom. »

Quant à nos établissements de bains modernes, le plus ancien, celui du *Casino*, ne remonte pas au-delà de l'année 1807, époque à laquelle furent construits quelques cabinets avec cuves. En 1850, M. Schmitz, acquéreur de cet établissement, augmenta le nombre des baignoires ; mais, c'est en 1845 seulement, que le comte d'Hoffelize, sur les plans de M. Chatelain, architecte, établit les bains tels qu'ils existent actuellement.

Quoiqu'il en soit, voici les termes de la charte octroyée par le duc Léopold à la nouvelle corporation des barbiers-perruquiers-baigneurs-étuvistes, par un édit daté du 24 juin 1710 :

« Léopold, par la grâce de Dieu, duc de Lorraine et de Bar, etc., à tous présents et à venir, salut :

» Les remontrances qui ont été faites que plusieurs exerçans l'art et profession de barbier-baigneur-étuviste et perruquier sont venus, sans aucun aveu ni permission, s'établir dans nos Etats, où, contre la bonne discipline et police, ils ne font ni communauté, ni corps, ce qui peut causer beaucoup d'abus.

» Et considérant que l'art et profession de barbier-baigneur-étuviste et perruquier contribue beaucoup, non-seulement à la propreté et ornement, mais encore à la santé des hommes, et qu'il est nécessaire d'y en avoir un nombre suffisant pour le service public.

» Apprenant d'ailleurs que, plusieurs desdits barbiers-perruquiers se sont présentés pour avoir de Nous permission de s'établir en communauté et de former un corps distinct et séparé de celui des maitres chirurgiens-barbiers de nos États, en leur donnant des règlements et statuts; à quoi désirant pourvoir.

» A ces causes et autres à ce Nous mouvantes, de l'avis de notre conseil et de notre certaine science, pleine puissance et autorité souveraine, Nous avons par notre présent édit perpétuel et irrévocable, dit, statué et ordonné, disons, statuons, voulons et Nous plait, que ledit art et profession de barbier-baigneur-étuviste et perruquier soit et demeure, à l'avenir et pour toujours, érigé et établi en maitrise, corps et communauté dans toutes les villes, bourgs et autres lieux de nos États, où Nous voulons que lesdits barbiers, baigneurs, étuvistes et perruquiers ayent droit et faculté de s'y établir pour y exercer leur art et profession, en prenant de Nous par chacun d'eux des lettres et provisions qui leur seront expédiées sur les quittances du trésorier de nos parties casuelles, suivant les rolles qui en seront arrêtés en notre conseil des finances par rapport aux lieux de la résidence desdits barbiers, baigneurs, étuvistes et perruquiers ausquels il sera par Nous donné des statuts, ordonnances et règlements pour s'y conformer.

» Faisons très-expresses inhibitions et défenses à tous barbiers, baigneurs, étuvistes, perruquiers et tous autres de tenir boutique, de travailler, ni de faire aucun exercice dudit art et profession, faire barbe, vendre ni débiter perruques, acheter ni vendre des cheveux, soit en public, soit en particulier, qu'auparavant ils n'ayent pris de Nous des lettres et provisions, à peine de trois cents francs d'amende et de confiscation des marchandises ; lesquelles lettres leur seront expédiées sous notre scel secret, et dont ils ne payeront pour tous droits, le parchemin compris, que la somme de dix livres. ·

» Voulons que les pourvus soient reçus à ladite profession pour l'exercer, sur la représentation de leurs provisions, par les lieutenants généraux de nos bailliages dans le ressort desquels ils font leur résidence, et qu'ils prêtent le serment requis entre leurs mains , conformément à notre ordonnance du mois de novembre 1707 ; pour tous droits desquels réception et prestation de serment, ils ne payeront que la somme de trois livres.

» Nous n'entendons par ces présentes préjudicier en aucune manière aux barbiers-chirurgiens, ni empêcher qu'eux et leurs garçons apprentifs puissent faire le poil et la barbe, comme ils ont fait du passé, à quoi les avons expressément maintenus.

» Si donnons en mandement, etc. »

Ajoutons qu'en vertu d'une ordonnance de police, il était formellement interdit de raser pendant la grand'-messe, et, en 1734, plusieurs perruquiers furent, à Nancy, condamnés à l'amende pour contraventions de ce genre (1).

(1) *Archives de Nancy*, t. III, p. 242.

L'édit de Léopold n'était pas le dernier mot de l'institution. Depuis la réunion de la Lorraine à la France, le corps des perruquiers de Nancy devait, en vertu des lettres patentes données par le roi, à Versailles, le 29 juin 1770 (1), subir toutes les modifications résultant des règlements établis dans tout le royaume.

Or, les statuts signés à Marly, le 6 février 1725, imposaient aux communautés des maîtres perruquiers une discipline, une organisation qui en faisaient presque un gouvernement. Le premier chirurgien du roi se trouvait à la tête de toutes les corporations, en qualité de chef et garde des chartes, statuts et priviléges de la chirurgie et barberie du royaume, comme autrefois le chirurgien Félix sous Louis XIV. A lui appartenait « toute inspection, juridiction et connaissance du fait de la barberie, sur les maîtres barbiers-perruquiers-baigneurs-étuvistes ». Devant lui, les prévôts élus prêtaient serment, et de lui ils recevaient leur commission. Le premier chirurgien ou son lieutenant en Lorraine convoquait et présidait toutes assemblées pour affaires du corps, élection, reddition de comptes, réception des maîtres.

La communauté se composait d'un lieutenant et greffier du premier chirurgien, d'un doyen, des prévôts-syndics et gardes, des anciens syndics sortis de charge et de tous les autres maîtres reçus ou à recevoir.

Les registres des délibérations et tous les papiers de cette grave compagnie étaient enfermés dans une armoire à trois clés, l'une entre les mains du lieutenant, l'autre en celles du greffier et la troisième remise au plus ancien des prévôts-syndics en charge.

(1) *Recueil des ordonnances de Lorraine*, t. XII, page 112.

Chaque année, un tableau ou catalogue était dressé de tous les membres de la corporation, et un exemplaire en était distribué par les prévôts lors de la visite qu'ils devaient recevoir après la Saint-Louis.

Passons rapidement sur le mode d'élection des prévôts et gardes pour assister à l'une de ces réunions de perruquiers qui devait avoir la majesté d'une audience solennelle du parlement :

« Art. IX. Dans toutes les assemblées, le lieutenant du premier chirurgien aura la première place, ensuite les prévôts-syndics et gardes, le doyen, les anciens et les autres maîtres qui y seront mandés, suivant leur rang dans le catalogue, et porteront honneur et respect au lieutenant du premier chirurgien, aux prévôts-syndics en charge, au doyen et à tous les anciens, à peine d'être exclus des assemblées, privés des émoluments et condamnés en telle peine qu'il appartiendra.

« Art. X. Après les propositions faites par le lieutenant, chaque maître ne pourra parler qu'à son rang et lorsque son nom sera appelé par le greffier, à peine de trois francs d'amende et d'expulsion en cas de récidive », etc.

Cette mise en scène, digne des comédies de Molière, se répétait une fois par semaine, tous les mardis, à deux heures de relevée, à moins que les besoins du service ou des communications urgentes n'exigeassent une réunion supplémentaire, cas auquel le lieutenant était autorisé à convoquer son personnel extraordinairement.

Assujetti à justifier, lors de leur admission dans le corps, qu'ils professaient la religion catholique, apostolique et romaine (art. XVIII), les maîtres perruquiers ne pouvaient se dispenser de remplir leur devoir de bon chrétien. Le jour de la fête de la Saint-Louis, tous les membres devaient payer quinze sous à la confrérie de la communauté, pour faire célébrer le service divin, savoir : « les premières vêpres, la veille de Saint-Louis, une messe solennelle, vêpres, salut ledit jour de Saint-Louis et un service le lendemain pour le repos des âmes des défunts confrères, auquel service lesdits syndics et confrères étaient tenus d'assister ».

Comment saint Louis était-il devenu le patron des maîtres perruquiers de Nancy, de Lorraine et de France ? Une curieuse légende l'explique : saint Louis ayant perdu ses cheveux au retour de la croisade, la reine Blanche, pour préserver du froid la tête de son fils, demanda à chaque seigneur de la cour une mèche de cheveux de la nuance qui se rapprochait le plus de celle des cheveux tombés et les cousit un à un au bonnet du roi ; on ne connaissait pas encore les raffinements de l'art (1).

Après cinq années de stage, savoir : trois d'apprentissage et deux années consécutives de travail chez le même maître, l'aspirant résolu pouvait enfin espérer entrer dans l'ordre des perruquiers. — Ici commence toute une série de formalités.

Comme dans les académies et les sociétés savantes, il fallait au néophite au moins un parrain ou conducteur choisi parmi les anciens maîtres, puis, ainsi accompagné, il devait faire une visite préalable à tous les anciens du corps, sortis de charge et appelés pour statuer sur la réception.

(1) *Dictionnaire du commerce et de la navigation*, verbo « cheveux ». Guillaumin, Paris, 1853.

Dans les villes de peu d'importance, la chose était facile ; mais, à Nancy, il y avait cent cinquante maîtres, Paris en comptait huit cents ; il n'y avait alors ni citadines, ni omnibus, le cabriolet même n'était pas encore inventé (1). L'ordonnance de Sa Majesté avait prévu tous les détails : dans le cas où le conducteur essoufflé refusait le service, l'aspirant était autorisé par l'art. XXVI des statuts à s'adresser au lieutenant, qui désignait d'office un autre conducteur hors de charge pour continuer les visites.

Ces préliminaires accomplis, l'aspirant présentait au lieutenant une requête signée de lui et du parrain, il y joignait ses divers certificats et son acte de baptême, sur quoi venaient ensuite : ordonnance de *soit communiqué* du lieutenant, puis, avis motivé des prevôts et syndics, enfin supplique nouvelle aux lieutenant et prevôts d'assister à l'assemblée, au jour indiqué. Nouvelle ordonnance du lieutenant portant indication de jour et billets de convocation délivrés par le greffier (art. XXVII et suivants).

Si, après deux jours consacrés à l'examen oral et à la confection du chef-d'œuvre, le candidat était jugé digne d'entrer dans la corporation, il était ensuite admis à prêter serment entre les mains du lieutenant, en présence toujours des prévots, syndics, gardes, doyens, etc. Enfin, il était du tout dressé procès-verbal, déposé et enregistré au greffe du premier chirurgien, à peine de nullité de l'admission.

(1) Voir toutefois la notice de M. Lepage sur les carrosses publics et les porteurs de chaises (*Annuaire de la Meurthe*, 1856). Il faut rappeler aussi qu'en 1645, un nommé Sauvage avait établi à Paris des voitures publiques qui prirent le nom de fiacres, parce que ce service avait été établi à l'hôtel Saint-Fiacre. (Chéruel, *Dictionnaire des institutions de la France.*)

Reste à faire l'addition de tous les droits imposés à l'aspirant, et l'on verra qu'il ne suffisait pas de savoir bien raser, bien peigner, bien friser, tresser une perruque et rincer une baignoire pour obtenir l'insigne honneur d'être admis au sein de l'éminente corporation.

Il fallait surtout que l'ambitieux garçon perruquier eût l'escarcelle bien garnie ou que la fortune l'eût comblé de ses faveurs, en le faisant naître fils de maître perruquier ou en lui accordant la main d'une fille de maître perruquier en charge, auquel cas il ne payait que la moitié des honoraires et droits alloués au lieutenant du premier chirurgien et à son greffier; honoraires et droits ainsi tarifés :

1° Enregistrement du brevet d'apprentissage.
A la communauté.................... 20 livres.
Au greffier........................ 3 livres.

2° Convocation pour la réception :
Au lieutenant .... 3 livres.
Au greffier .... 30 sous.

3° Pour la réception :
Au lieutenant .... 3 livres.
A chaque prévôt syndic en charge........ 5 livres.
(L'ordonnance n'en fixe pas le nombre.) Mémoire.
Au doyen........................... 30 sous.
Au greffier........................ 30 sous.
A chacun des anciens sortis de charge présents à la réception................ 15 sous.
(Nombre non limité.) Mémoire.

4° Prestation de serment :
Au lieutenant .... 5 livres.
Au greffier........................ 30 sous.
A chaque prévôt syndic.............. 15 sous.
(Nombre non limité.) Mémoire.
Au doyen................... .... 15 sous.

Après ces premiers frais, qui atteignaient un chiffre important, en raison du nombre des assistants, dans une communauté nombreuse comme celle de Nancy, il fallait ensuite acquitter les droits dus au domaine.

Ici se présentent deux hypothèses : l'aspirant se contentait d'une maîtrise proprement dite ou bien il devait acquérir une charge de perruquier; la maîtrise, même dans les villes de la moindre importance coûtait 500 livres.

Dans le compte des recettes des parties casuelles, pour l'exercice de 1752, le receveur général des finances de Lorraine porte en recette une somme de 2,200 francs pour finances des places de perruquiers créées dans le cours de l'année, savoir : cinq à 500 francs, dont trois à Nancy, une à Saint-Mihiel et une à Vézelise, deux à Sarreguemines à 200 fr. chacune, une à Saint-Dié et une à Remiremont, réduites toutes deux à 150 fr. (1).

Quant au prix de la charge, il était fixé à 5,000 livres. La maîtrise était une sorte de patente une fois payée, consistant en un droit viager inhérent à la personne de l'impétrant et disparaissant avec lui ; la charge, au contraire, constituait un privilége transmissible par voie héréditaire. C'était une sorte de fief roturier que le titulaire, sa veuve ou ses héritiers pouvaient vendre ou affermer à des tiers. Les prix, alors, variaient suivant la loi de l'offre et de la demande, ils étaient librement débattus avec le récipiendaire, et, dans tous les cas, supérieurs au taux de la maîtrise, puisqu'ils garantissaient à son acquéreur un droit de propriété.

(1) Recettes générales des finances de Lorraine et Barrois, grand in-folio manuscrit et signé Durival, de la bibliothèque lorraine de M. J.-B. Thiéry.

Moyennant toutes ces conditions, le nouveau confrère était investi, conformément à l'article XXXIV, du droit d'arborer « *les marques visibles de son art pour la propreté et l'ornement du corps humain* », c'est-à-dire de tenir boutique ouverte peinte en bleu avec châssis à grands carreaux de verre, et de prendre pour enseigne des bassins blancs avec cette inscription : *Barbier-Perruquier-Baigneur-Etuviste : céans on fait le poil et on tient bains et étuves.*

L'article XLIII des statuts garantissait, dans les termes suivants les priviléges des membres de la corporation : « Aux seuls barbiers-perruquiers-baigneurs et étuvistes appartiendra le droit de faire le poil, bains, perruques, étuves et toutes sortes d'ouvrages de cheveux, tant pour hommes que pour femmes, sans qu'autres puissent s'y entremettre, à peine de confiscation des ouvrages, cheveux et ustensiles et de cent livres d'amende ».

Malgré les détails consignés dans ce règlement, qui ne contient pas moins de quarante-sept articles, il y a trois points dont nous regrettons l'omission, car ils auraient complété le tableau : c'est d'abord la nature du chef-d'œuvre et les principales questions de l'examen oral de l'aspirant, ensuite la formule du serment du récipiendaire, et enfin les armes accordées à la corporation de Nancy.

M. Henri Lepage, dans ses *Archives de Nancy* (t. IV, page 164), déclare que les armoiries des boulangers et celles marchands de notre ville sont les seules que l'on connaisse. On pourrait, à titre de renseignement, donner les armes des perruquiers de Caen et de Bordeaux. Nous nous contenterons de décrire celles de Marseille, dont la corporation égalait en importance la maîtrise de Nancy :

« de gueule, à une perruque d'argent, tenue par une
main dextre de carnation, parée de même, vêtue d'or,
mouvante du flanc sénestre d'une nuée d'argent et un
chef cousu d'azur chargé d'un soleil d'or » (1). Il eût été
curieux aussi de savoir quel rang la corporation devait
tenir dans les solennités publiques. Un arrêt de la Cour
souveraine, du 15 juin 1699 (2), avait réglé l'ordre, le
rang et la marche des différents corps d'état pour la pro-
cession de la Fête-Dieu ; mais, à cette époque, les perruquiers n'étaient point encore organisés en maîtrise, et,
sur ce point, nous en sommes réduits aux conjectures
que soulève la susceptibilité blessée des perruquiers de
La Flèche, prétendant avoir le pas sur les boulangers.

(1) *Le moyen âge et la Renaissance*, par Paul Lacroix, t. III,
Corporations, fol. 19. — *La Corporation des Perruquiers de
Marseille*, par Ch. de Ribbe, page 14.

(2) *Recueil des ordonnances de Lorraine*, t. I, page 180.

VI

**Démêlés entre les coiffeurs de dames et les maîtres perruquiers. —
Le plaidoyer de Mᵉ Duparge devant la Cour souveraine de Lorraine et Barrois**

Tant d'honneurs, tant de priviléges, et surtout tant de
formalités à remplir et de droits à payer, avaient suscité
à la corporation de Nancy une concurrence occulte qui
lui causait un véritable préjudice. Ce n'étaient plus,
comme au temps de Philippe–le–Bel, les notaires qui
étaient à redouter pour les perruquiers, c'étaient leurs
propres ouvriers, des barbiers marrons, des perruquiers
de contrebande qui, en chambres et à huis-clos, faisaient
clandestinement le poil et la perruque. Avec une âpre
vigilance, les prévôts, les syndics, les maîtres en charge
et tout l'état–major de la communauté faisaient la chasse
à ces pirates de la barberie et des chevelures postiches.
Vains efforts ! les délinquants trouvaient moyen de se
soustraire aux perquisitions.

L'article XXXVI de l'ordonnance de 1725 autorisait
les visites domiciliaires pour constater les contraventions,
mais les prévôts-syndics devaient se faire accompagner
d'un des prévôts des chirurgiens ou d'un huissier, ou
d'un commissaire ; aussi, dès que la gent perruquière se

mettait en campagne, tout le quartier en était instruit ;
des voisins charitables prévenaient, à temps les coupables,
qui pouvaient s'esquiver après avoir mis en sûreté le
corps du délit et les pièces de conviction. Cependant un
jour vint où la lutte put s'engager au grand jour entre
les privilégiés et les contrevenants qui, sous prétexte de
coiffer les dames, prétendaient s'immiscer dans les
affaires de peigne et de cheveux, sans avoir été agrégés
à la corporation. Pendant longtemps les dames s'étaient
contentées de coiffeuses pour orner leur tête, et le droit
des coiffeuses avait été formellement reconnu par l'arrêt
de la Cour de Nancy, du 50 juillet 1770. La Cour, en
effet, en donnant acte de la lecture et publication des
lettres patentes de Versailles, qui appliquaient à Nancy les
statuts de 1725, avait formellement stipulé que « l'exé-
cution de l'article XVII, relatif à la prohibition d'exercer
le métier, serait suspendue à l'égard des coiffeuses alors
en exercice, lesquelles pourraient continuer leur service,
à charge par elles de se retirer dans la huitaine devant le
lieutenant général de police pour être dressé un rôle de
leurs noms et surnoms contradictoirement avec les officiers de la maîtrise des perruquiers, sans que ces derniers pussent exiger aucuns droits ».

La communauté avait le monopole des perruques, elle
n'avait pas celui de la coiffure. Quelques dames s'étaient
fait tondre pour porter perruque, mais cette mode n'avait
pas réussi ; les élégantes comprenaient bien que leur
chevelure naturelle était leur plus bel ornement, et le
luxe des femmes ne pouvait manquer d'avoir ses repré-
sentants et ses instruments comme celui des hommes.
Des garçons insinuants, adroits, industrieux, n'ayant de
fortune qu'au bout de leurs doigts et sans capital pour

acheter un office, s'étaient faits coiffeurs de dames. Ils avaient bientôt pris une certaine importance en se rendant nécessaires aux reines de l'élégance et de la beauté. L'arrêt de 1770 avait fait une réserve au profit des coiffeuses ; les coiffeurs pouvaient-ils revendiquer le même droit ? La guerre éclata bientôt, au commencement de 1771, par une saisie pratiquée chez un coiffeur nommé François Lagrange. Les coiffeurs, attaqués en la personne d'un des leurs, se réunirent à lui et chargèrent de leur défense un avocat habile, Mᵉ Duparge ; sa plaidoirie, pleine de verve et d'originalité, est une curiosité bibliographique qui, imprimée et répandue dans la ville, put un instant égayer nos ancêtres, en soulevant les rancunes et les colères des cent cinquante perruquiers, à la fois humiliés dans leur orgueil et menacés dans l'exercice d'une profession dont ils avaient payé si cher les priviléges. Ce *factum,* signé Mᵉ Duparge, avocat, et Poinsignon, procureur, porte le permis d'imprimer donné à Nancy, le 20 février 1771, par messire Charles-François de Vigneron, président à mortier (1).

L'avocat accuse les perruquiers d'être animés par l'avidité et la jalousie, ces vils ressorts de la chicane. Le débat, suivant lui, devrait être porté non devant la Cour souveraine, mais bien devant le tribunal des dames mêmes, que ses adversaires, comme ses clients, ambitionnent l'honneur de servir :

(1) Une brochure de 18 pages in-8ᵒ, imprimée à Nancy, chez Thomas père et fils, rue de l'Esplanade, nᵒ 240 ; elle a pour titre : *Plaidoyer pour François Lagrange contre les maîtres et jurés du corps des perruquiers de Nancy.* (Bibliothèque lorraine de M. Lucien Wiener.)

« Si la belle émulation d'être utiles aux dames condui-
sait seule les maitres perruquiers, une voie bien plus
glorieuse leur serait ouverte ; ils pourraient, sans fatiguer
la justice, atteindre leur but en concourant avec nous ;
ils attendraient de la supériorité seule du talent et de
l'art cette préférence exclusive qu'ils prétendent, et, au
lieu d'engager une querelle, ils nous diraient : dès que la
même émulation nous anime et nous fait aspirer à servir
les dames, c'est à elles à donner la loi ; c'est à leur tribunal que doit se porter la contestation qui nous divise ;
elles seules doivent décider à qui d'entre nous appartient
le droit de les coiffer. Ainsi penseraient des âmes géné-
reuses, qui préféreraient le bien public et le service des
dames à leur petit intérêt particulier. Ainsi pensent les
coiffeurs. Tout annonce en eux la noblesse de l'art qu'ils
exercent, et leurs sentiments répondent à l'état dont ils
jouissent, etc. »

L'amour-propre des perruquiers est une première fois
mis à l'épreuve pour établir la prétendue distance qui
sépare leur métier de celui des coiffeurs.

« Quatre mots inscrits sur la boutique du perruquier :
barbiers, perruquiers, baigneurs, étuvistes, annoncent
son ministère et en montrent tous les objets. Tel est le
cercle de ses fonctions et l'étendue de sa sphère ; tout
annonce un art purement manuel, une grossière mécanique.

» Le coiffeur ne travaille pas resserré dans une boutique,
sa demeure est celle d'un artiste libre ; on ne lit pas sur
sa porte cette inscription : *Céans on fait le poil et on
tient bains et étuves.* Nous exerçons un art libéral,
c'est à la toilette des dames qu'on apprend à en connaitre
les détails, à apprécier les talents qu'il suppose. »

Le défenseur exalte l'art du coiffeur, et cherche à ravaler l'œuvre du perruquier :

« C'est moins le travail de la main que l'attention du génie qui fait nos succès. Guidé par les lois du goût ou du caprice, de la mode ou de la fantaisie, le coiffeur doit avoir l'adresse de plier son art à des règles variées, et assez de discernement pour donner aux cheveux le tour, l'arrangement, la symétrie qui convient au visage ; il ne suffit pas de ne point blesser le goût, il faut le flatter autant qu'il peut l'être. Quel art ! quelle finesse pour l'ordre, la variété, la proportion dans toute l'ordonnance d'une coiffure ! Astreint à une uniformité exacte dans toutes les parties, le coiffeur doit éviter la confusion, l'excès, la bizarrerie, la grossièreté dans les parures. Une coiffure trop élevée ou trop plate, trop enflée ou trop unie, trop chargée d'ornements ou trop simple, voilà les écueils de son art. Il doit apercevoir tout d'un coup les défauts, les beautés de son ouvrage, les comparer, les juger, les apprécier ; quelle finesse dans le coup d'œil, quelle promptitude dans le jugement demande cet examen ! Il doit encore se monter sur tous les tons de la nature, donner aux cheveux l'expression singulière, le tour, souvent unique, que le visage demande ; se régler même sur l'opinion, flatter l'imagination sans blesser la pudeur, accorder aux sentiments sans choquer la bienséance ; enfin, charmer l'esprit, étonner et éblouir les les yeux. »

Après cet étalage des qualités rares que nécessite le grand art du coiffeur, l'avocat revient au métier de ses adversaires : « Travailler une perruque, acheter des cheveux, étuver et baigner, voilà le département du perru-

quier. Le coiffeur ne travaille pas sur une matière pré-
parée, il doit donner aux cheveux naturels la tournure
la plus agréable; si quelquefois il les sème .de fleurs,
c'est pour présenter une variété qui plait sans être re-
cherchée; s'il y place des diamants, c'est pour ajouter
à l'éclat de la beauté celui de l'opulence.

» Le perruquier est encore obligé par état à travailler
pour qui paie ses services; le coiffeur sert plus noble-
ment, il n'est attaché à aucun corps dont il dépende, son
état est libre, le désir seul d'être utile le conduit où on
l'appelle. »

Passant à la question de droit, Mᵉ Duparge démontre,
avec l'article 43 des statuts, que les perruquiers n'ont
pas le droit exclusif de coiffer les dames :

« Celui qui contrevient à l'article 43 doit être condamné
à une amende de 100 livres et à la confiscation des ouvrages de cheveux et ustensiles. Or, le coiffeur saisi
aurait droit de s'écrier : Ai-je travaillé une perruque ou
quelques boucles postiches pour exhausser l'édifice des
toupets à la mode? Ai-je des ustensiles propres à cette
sorte d'ouvrage? Je travaille des cheveux naturels, voilà
mon ouvrage, des cheveux qui ne peuvent être saisis,
pas plus que la tête à laquelle ils appartiennent, etc. »

En dernier lieu, les coiffeurs s'efforcent de démontrer
que leur cause intéresse le bien public, soit par les avantages qu'ils procurent, soit par l'incapacité qu'ils repro-
chent aux perruquiers.

Il n'est pas possible d'être plus galant pour le beau
sexe et plus ironique pour les gens de robe, d'épée ou
d'église que l'avocat de Lagrange dans cette dernière
partie de son discours.

« Personne n'ignore, dit-il, tout ce que la société doit
aux dames, combien elles ont servi les mœurs ; elles y
ont introduit cette aménité, cette politesse qui fait les
agréments et les charmes de la société. Les coiffeurs
n'ont pas la vanité d'attribuer à leur art tous ces avantages ; c'est à la nature qu'on les doit ; mais, par une
sage prévoyance, elle laisse souvent à l'art et à l'industrie
le soin de perfectionner les ouvrages qu'elle ébauche ;
c'est ainsi qu'elle offre au lapidaire une pierre brute qu'il
travaille et polit, pour tirer du diamant une lumière plus
brillante que l'éclat du jour ; c'est ainsi que le marbre et
l'ivoire s'animent sous le ciseau d'un habile sculpteur ;
c'est ainsi que les plus grands artistes, rivaux de la
nature, ont opéré des miracles, en montrant jusqu'où
l'art peut l'élever au-dessus d'elle-même. C'est ainsi,
enfin, que le coiffeur embellit son ouvrage, soit qu'il
entreprenne d'aider ou de corriger la nature , d'embellir
ses plus beaux dons, ou de suppléer à ses refus ; soit
qu'il donne au printemps de l'âge l'éclat et la fraicheur
d'une rose qui vient d'éclore, ou qu'il ranime les attraits
de la jeunesse qui se fanent, ou, enfin, qu'il entretienne
cette douce illusion qui charme le beau sexe, cette espèce
d'enchantement qui fascine les yeux, cette persuasion
intime qui fait son bonheur, la douce persuasion où
il est que l'art peut suppléer la nature, rappeler les
grâces qui s'envolent sur les ailes du temps ; que chaque
saison ayant ses agréments, la beauté est aussi de tous
les âges et qu'on peut trouver des fleurs au milieu des
glaçons. »

Me Duparge disserte sur ce ton dans l'espace de deux
pages ; il justifie ses clients du reproche de se livrer à un
art frivole et inutile, alors que leur industrie a pour but

d'aider à la nature et de conserver la beauté, alors qu'on a vu des peuples élever des temples aux femmes et devenir des modèles de courage, de force et de vertu.

« Attendra-t-on des perruquiers d'aussi grands avantages ? (c'est ainsi qu'il termine). Tout se ressentirait de la grossièreté de leur talent ; occupés à friser l'homme de robe, l'homme d'épée, l'homme d'église, ils porteraient chez les femmes l'empreinte des traits qui nous caractérisent ; au lieu d'observer la nature, ils blesseraient ses vues et, par des contrastes bizarres, ils feraient partout des grotesques, en confondant l'expression qui distingue un sexe de l'autre. »

Ces extraits du curieux mémoire que nous venons de citer nous dispensent de tout commentaire.

Ce n'est pas à Nancy seulement que la justice avait eu à débrouiller les graves questions débattues entre les coiffeurs et les perruquiers. Un premier procès avait été porté devant la Cour de Paris, et les coiffeurs, pour intéresser les salons à leur cause, avaient publié *l'art du coiffeur des dames contre le mécanisme des perruquiers, à la toilette de Cythère* (1765), poème dans lequel ils demandaient qu'on laissât croupir les perruquiers, « ces mécaniques ouvriers », dans la crasse, « entre le savon et la tignasse (1) ». Toutefois, le mémoire publié pour les coiffeurs de Paris, et signé par le procureur Bigot de La Boissière (2), est loin de valoir le plaidoyer de notre avocat lorrain.

A Marseille, les coiffeurs aussi eurent à lutter contre la corporation des perruquiers. Vainqueurs de leurs

(1) Ouvrage déjà cité de MM. Edouard et Jules de Goncourt.

(2) *Causes amusantes et connues,* 2 vol. in-12. Berlin, 1769. — Biblioth. J.-B. Thiéry.

a·lversaires devant le parlement d'Aix, ils avaient eu la main heureuse dans le choix de leur défenseur. Le jeune avocat des coiffeurs, qui venait de faire à **22** ans ses débuts avec le plus grand succès, était Portalis, l'un des futurs rédacteurs du Code civil. Dans le curieux mémoire qu'il publia à cette occasion, l'histoire, le droit, la philologie, la dialectique, sont assaisonnés d'une verve spirituelle qui ne tarit pas d'un bout à l'autre (1).

Les coiffeurs l'emportèrent non sans peine à Paris et à Aix. Il en fut de même à Nancy. Trois arrêts sur requêtes avaient été rendus, à la date des **17** et **20** août et **22** décembre **1770**, au profit de Jean-Baptiste Gentil, Nicolas Naudin et François Lagrange, tous trois coiffeurs de dames ; sur l'opposition formée au nom des officiers du corps des perruquiers, la Cour confirma ses premières décisions par un arrêt contradictoire du **15** avril **1771**. Suivant l'usage du temps, l'arrêt n'est point motivé, mais nous aimons à penser que nos magistrats voulurent affirmer des principes dominant de beaucoup les intérêts engagés dans la querelle des perruquiers et des coiffeurs. Les statuts restreignant la liberté publique, surtout ceux des arts et métiers, sont de droit étroit comme contraires au droit commun ; de là l'obligation pour le juge de les restreindre dans leurs dispositions précises.

Il faut avouer, toutefois, que la Cour de Nancy ordonna une compensation des dépens ; ce fut du moins pour les perruquiers une consolation obtenue par les efforts de

(1) *La Corporation des perruquiers* et *les coiffeurs de dames à Marseille*, par Charles de Ribbe, travail habilement écrit que nous avons consulté plus d'une fois dans le cours de cet opuscule.

leur avocat Cognel, assisté de leur procureur Saladin, et, pour justifier cette dernière disposit on, la Cour enjoignait aux coiffeurs de respecter au surplus les statuts des perruquiers (1).

(1) Archives de la Cour de Nancy, arrêt du 15 avril 1771, dont nous devons la communication aux recherches obligeantes de M. Bourgon. Sur la liste des conseillers qui concoururent à la délibération, figurent des noms qu'on retrouve encore après plus d'un siècle, dans la magistrature lorraine : ceux de MM. de La Salle et de Bouvier, conseillers honoraires à la Cour de Nancy.

VII

Les académies de coiffure. — Déclin de la perruque. — Terme fatal
de la maîtrise des perruquiers de Nancy. — Leur manifeste patriotique adressé à l'Assemblée nationale en 1791.

Le nombre des coiffeurs s'accrut rapidement. Ceux
qui affectaient de ne pas être confondus avec les perruquiers prenaient pour enseigne cette inscription préten-
tieuse : *Académie de coiffure*. Mais la lutte n'était pas
finie ; menacés, plus encore par la mode que par la juris-
prudence, dans la jouissance de leurs priviléges, les perruquiers ne cessaient de se plaindre de leurs garçons
qui, disaient-ils, sous prétexte de coiffer les dames,
détournaient leur clientèle et se livraient frauduleusement
au commerce des cheveux. En 1786, ils obtinrent, à titre
de garantie, un arrêt du Parlement qui ajoutait aux
rigueurs de l'article 56 des statuts, en autorisant les
perruquiers à faire arrêter à l'instant et constituer pri-
sonniers tous les coiffeurs pris en contravention, et ce
par provision, à la charge de faire juger la reprise dans
les trois jours (1).

(1) *Recueil des Ordonnances*, t. XV, p. 200.

C'était une satisfaction tardive : la fureur des perruques
était calmée; l'art touchait à son déclin. Désertant le
postiche, la mode laissa croitre les cheveux dont on fit
trois parts : le toupet, les faces et la queue. Les cheveux
de la queue étaient retenus par un ruban ; le ruban s'al-
longea et la queue prit la forme d'un pinceau. Puis on
enferma ces cheveux dans un bourse de taffetas noir,
qu'on portait encore au commencement de la Révolution.
Les formes du toupet varièrent comme celles de la queue
et des perruques. Les travaux de la maitrise allaient donc
désormais se restreindre à la coiffure, et il devenait en
quelque sorte illusoire d'établir des entraves et des priviléges pour la coiffure des hommes, alors que la coiffure
des femmes était l'objet d'un travail libre.

La force des choses venait en aide aux idées nouvelles
pour imposer à la corporation son terme fatal. Les arrêts
rendus en faveur des coiffeurs, à Paris, à Aix et à Nancy,
étaient comme les prodromes de la suppression définitive
des corporations, dont le système était condamné par tous
les économistes.

On se rappelle qu'en 1776, Louis XVI, ou plutôt
Turgot, avait aboli ces corporations ; mais, après la dis-
grâce du ministre, on les rétablit, et elles ne furent
supprimées définitivement que par le décret de l'Assemblée constituante du 16 février 1791, publié le 2 mars
suivant.

Malgré la vigilance avec laquelle la maitrise de Nancy
avait lutté pour le respect de ses prérogatives, les perruquiers acceptèrent loyalement le nouvel ordre de
choses, et la proclamation du décret de 1791 donna lieu
à un incident consigné dans nos archives municipales,

et que nous rappellerons ici, à l'honneur de la population ouvrière de Nancy.

Des ennemis du progrès avaient, parait-il, essayé de fomenter un mouvement pour opposer de la résistance à la suppression proclamée. Quelques membres de l'ancienne corporation protestèrent contre les menées des récalcitrants et les dénoncèrent au corps municipal dans des termes qui méritèrent une approbation générale.

Voici, en effet, ce qu'on lit sur le registre des délibérations du Conseil municipal :

« Séance du vingt-huit février 1791.

» Une protestation de sept maitres perruquiers a été lue et vivement applaudie ; le patriotisme qui l'a dictée, le désintéressement qui éclate dans cette pièce et les grandes vues qu'elle renferme en peu de mots, ont fait les plus fortes impressions.

» Il a été délibéré 1° que cette pièce vraiment civique serait inscrite sur les registres, et 2° qu'il en serait envoyé une expédition à M. Regnault, député à l'Assemblée nationale, qui veut bien se charger de la correspondance de la municipalité. »

Suit la protestation rappelée cy-dessus.

« Les maitres perruquiers anciens et modernes de la ci-devant communauté de Nancy.

» Instruits que la plus grande partie de leurs confrères, aveugles instruments de la fureur de quelques hommes autrefois superbes et méchants, aujourd'hui lâches et trompeurs, se permettent les démarches les moins excusables contre le décret bienfaisant qui, par la suppression des jurandes et communautés d'arts et métiers, va ranimer l'industrie languissante et rétablir une classe nombreuse de citoyens délaissés jusqu'alors (*sic*) dans le droit de travailler, la plus sacrée, la plus imprescriptible des propriétés.

» Persuadé qu'il est du devoir de tout bon Français de témoigner hautement leur indignation à la vue des manœuvres criminelles, des insinuations perfides que l'aristocratie du fond de son tombeau ose encore employer dans le dessein d'égarer un peuple honnête et laborieux, de le précipiter dans tous les malheurs, fruits inévitables de l'esprit de sédition et de révolte.

» Considérant que ce n'est que par l'amour de la paix, la soumission aux loix et le respect le plus inviolable pour les décrets de l'Assemblée nationale, que les travaux de tous les genres, que toutes les espèces d'industrie pourront reprendre une vie nouvelle et s'élever au plus haut degré d'activité.

» Déclarent qu'ils ne se laisseront aller à aucune induction contraire à la fidélité qu'ils ont jurée à la Nation, à la loi et au Roy, et qu'elle ne sera ébranlée ni par les promesses, ni par les menaces, ni par les pertes les plus sensibles, s'en rapportant tout-à-fait à la sagesse des législateurs de l'empire français sur l'indemnité qu'ils attendent de la justice et dont ils n'hésiteraient pas à faire le sacrifice sur l'autel de la patrie s'il était nécessaire à son salut et si leurs moyens répondaient à leur dévouement envers elle.

» En conséquence, ils protestent contre les menées coupables pratiquées par la plus grande partie de leurs confrères pour engager dans leur insurrection les autres communautés d'arts et métiers, et surtout contre le choix illégal et incivique qu'ils ont fait, par une délibération du vingt-quatre, de deux commissaires chargés de répandre leurs sentiments pernicieux dans les différentes corporations de cette cité.

» Que copie de la présente délibération sera déposée sur le bureau de la municipalité pour être déposée en son greffe et y avoir recours au cas échéant.

» Fait à Nancy, le vingt-cinq février dix-sept cent quatre-vingt onze. Signé : Sain, ancien syndic ; Leclerc, syndic ; Bernard, François Claude, Thouvenin, Alexandre et Barbier. »

Cet incident n'eut pas d'autre suite et prévint toute difficulté , ainsi que le constate la fin de la délibération du 1er mars 1791 et dont nous transcrivons ici les termes :

« Le maire déclare que, pour empêcher dans son principe toute espèce de mouvement , il a été arrêté que les sieurs Morel et Morat seraient mandés à l'effet de les entendre sur les projets imputés à eux et à leurs confrères, et leur donner les avertissements convenables à ce sujet.

» Ces deux citoyens ont été interrogés, et ils ont attesté qu'ils n'avaient donné aucune suite au projet qui avait été formé d'abord ; qu'ils avaient toujours été dans la résolution constante de respecter les lois et de ne point troubler la tranquillité publique, et qu'ils y engageaient les corporations de cette ville, et qu'après leur avoir fait sentir la nécessité impérieuse d'obéir paisiblement aux lois, à la justice suprême qui avait dicté les nouveaux décrets sur les arts et métiers et les avantages qui devaient en résulter pour la société en général, et une multitude innombrable d'individus en particulier, les mêmes syndics avaient parfaitement bien conçu combien il importait de respecter les décrets de l'Assemblée nationale, de ne pas troubler l'ordre public, et qu'ils avaient donné des assurances positives de leur entière soumission aux lois et de leur résolution d'empêcher que dans leur communauté il ne s'y passât rien qui pût les blesser, et qu'effectivement, depuis cette promesse, il n'y avait pas eu de fermentation parmi les maitres des diverses communautés.

» Ces explications ont été jugées d'autant plus satisfaisantes, que le calme régnait dans la cité et que lecture a été prise d'un projet de délibération qui ne présentait rien d'illégal et de répréhensible, et qui n'avait pour but que des réclamations permises par les lois. »

Nous ne voudrions pas amoindrir le patriotisme du manifeste des perruquiers de Nancy, néanmoins on rappellera qu'à cette époque la perruque avait presque complètement disparu, et que la coiffure se simplifiait de jour en jour. Robespierre avait conservé ses cheveux longs et poudrés, mais Brissot, pour imiter les têtes rondes des révolutionnaires anglais, avait fait couper ses cheveux et il se montrait sans poudre. Ceux qui l'imitèrent furent d'abord hués par le peuple, puis, la tête ronde ayant été déclarée *tête patriotique*, l'exemple de Brissot s'introduisit dans les clubs, dans les comités révolutionnaires, et bientôt dans la majeure partie de la Convention. Peu à peu, la chevelure courte parut si commode qu'elle passa jusque dans les rangs des Français attachés aux anciennes mœurs, les émigrés eux-mêmes l'adoptèrent, et Bonaparte ayant fait couper ses longs cheveux, dits *oreilles de chien*, toute l'armée l'imita.

Comme on le voit, les choses avaient bien changé depuis le règne du duc Léopold ; on n'était plus au temps où, dépassant les mémoires d'apothicaires, le perruquier avait la satisfaction de dresser une note de dix-sept cent livres pour perruques et fournitures de son état (1).

En réalité, les privilégiés de l'ancienne maîtrise n'étaient plus que de pauvres diables, réduits à vivre et à faire vivre péniblement leur famille du produit d'un métier tombé, discrédité au point que l'épithète de perruquier allait être bientôt considérée comme un terme de mépris et presque une injure.

Telle fut la fin de la maîtrise des perruquiers de Nancy; créée l'une des dernières parmi les corporations, elle avait occupé une place importante dans la vie sociale de la cité, et, si elle sut se ménager les honneurs de la retraite, il faut reconnaître que, plus qu'aucune autre association ouvrière, elle offrait le spectacle des abus qui justifiaient leur suppression, et que c'est à elle surtout qu'on pouvait appliquer ces paroles de Turgot dans le préambule de l'édit de 1776 :

« Le régime des corporation introduisait l'inégalité (*sic*) jusque dans la propriété la plus sacrée et la plus imprescriptible de toutes, le droit de travailler ; il surchargeait l'industrie d'un impôt énorme, onéreux aux sujets et stérile pour l'Etat, enfin, en établissant un monopole, il forçait les membres les plus pauvres à subir la loi du plus riche, éteignait l'émulation et rendait inutiles les talents de ceux que les circonstances excluaient de la corporation. »

(1) Mémoire de Jean Dupocy, m^e perruquier à Nancy, cité par Jean Cayon, *Histoire de Nancy*, p. 220.

Fin.